ブルース・ギターをはじめる方法とプレイ幅を広げるコツ

プレイ幅を広げるコツ

いちむら まさき 著

Rittor Music

はじめに
Prologue

リード・ギターを弾くにはコード・フォームをたくさん知ろう！

本書の内容を動画にして徐々にYouTubeへアップしていきます。
「いちむらまさき　ブルース」で検索してみてください。

もくじ

Contents

はじめに   003

Introduction ──本書を読み進めるにあたって   008

第1章 コード移動の基本＜Ａキー＞   015

ブルースのリズム・アプローチ   `Track 01` 〜 `Track 03`   016

基本的なコード進行を確認   `Track 04`   022

動きのあるバッキング その１   `Track 05`   024

動きのあるバッキング その２   `Track 06`   026

3連符を入れてみる   `Track 07`   028

フォームのバリエーションを増やそう   `Track 08`   030

5フレット付近のコード・フォーム   `Track 09`   032

ここまでのまとめ   034

第2章 リード・ギターの入り口＜Ａキー＞   035

コードが変わっても同じフレーズが使える   `Track 10`   036

フレーズに変化を出す   `Track 11`   038

別のポジションを試す   `Track 12`   040

オクターブ違いを試す   `Track 13`   042

覚えたポジションを使って   `Track 14`   044

明るいブルース・フレーズ   `Track 15`   046

ここまでのまとめ   048

第3章　コード・フォームはたくさんある ＜Ａキー＞　051

ブルースのリズム・アプローチ		052
C7 フォームをズラして使う	Track 16	054
少しジャズっぽい「9（ナインス）」コードで	Track 17	056
A7 の時に D へ散歩する	Track 18	058
ハイ・コードと開放弦の合体	Track 19	060
3～1 弦でコード表現	Track 20	062
低音中心のアプローチ	Track 21	064
ここまでのまとめ		066

第4章　リード・プレイを広げていこう！ ＜Ａキー＞　069

経過音を使う	Track 22	070
クォーター・チョーキングと相性の良いフレットを確認！	Track 23	072
コードのセーハ・ポジションをもとにリードを展開する	Track 24	074
3＆1 弦だけを使った展開	Track 25	076
4＆3 弦だけを使う簡単アプローチ	Track 26	078
F♯m7 っぽい明るいフレーズを練習しよう	Track 27	080
土くさいと明るいをゴチャ混ぜで弾いてみよう	Track 28	082
ここまでのまとめ		084

第5章 バリエーションに慣れておこう！＜Aキー＞　087

ブルースのリズム・アプローチ		088
速いテンポで連打	Track 29	090
3連符に6連符を交ぜる	Track 30	092
ゆっくりテンポで間を作る	Track 31	094
ベース・フレーズを真似る	Track 32	096
ベース・フレーズを別ポジションで	Track 33	098
マイナー・ブルースを弾いてみよう	Track 34	100

第6章 他のキーに慣れていこう！　103

Eブルースを弾こう その1	Track 35	104
Eブルースを弾こう その2	Track 36	106
Fブルースを弾こう	Track 37	108

第7章 アコースティック・ギターに挑戦！　111

ジャグ・バンド風のコード進行	Track 38	112
アコースティックならではのコード進行	Track 39	114
ハーフ・シャッフル・ブルースを弾こう	Track 40	116

第8章 他のブルース進行に挑戦！ 119

G ブルースを弾こう　`Track 41`　120

スライド・ギターを弾こう　`Track 42`　122

6 拍子ブルースを弾こう　`Track 43`　124

すべてのまとめ　`Track 44` `Track 45`　126

コラム

ブルース・セッションとは？ その 1　102

ブルース・セッションとは？ その 2　110

ブルース・セッションとは？ その 3　118

おわりに　127

Introduction

-本書を読み進めるにあたって-

本書の意図

　本書は、ブルース・ギターを弾いてみたいけれど「どこを弾いたらいいの？　どういう練習をするといいの？」などの疑問を持っている方へ、ブルースの楽しさと入り口を知ってもらうとともに、「こういう方法もありますよ」という演奏の幅を広げるコツを紹介します。

　よって、本書は「どブルース」を追求するというよりも、**ロックやポップスに生かすことも可能なブルース・プレイ**を探っていきます。

本書はこんな人にオススメ

✔ ブルースを少しだけでも良いので弾けるようになりたい人

✔ 基本的なブルースのコード進行を覚えたい人

✔ ブルースの基本以外のコード進行も知りたい人

✔ ブルース・セッションに参加してみたい人

✔ コードで、どこを弾けば良いのかイマイチわからない人

✔ アドリブでいつも同じようなフレーズを弾いてしまう人

✔ ブルースって結局、ワン・パターンだと思っている人

本書の目標とスタンス

　有名ブルースマンの演奏をたくさんコピーすれば、一応は、カッコ良く弾けるようになりますが、有名人は彼ら自身の個性を確立させたうえで成り立っています。となると、それらをコピーしただけでは、例えばセッションに参加しても「他の人と似ているプレイ」になってしまいがち。そこを打破するフレーズの作り方と発想力でアドリブする練習をしていただくのが本書の目標です。

　それには、1つのコードを3フォーム以上で押さえられるようになることが重要です。リード・ギターは、コード・フォームと密接な関係があることをまずは認識してください。

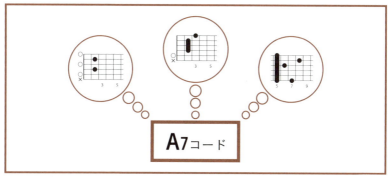

A7コードだけでもたくさんのコード・フォーム（この3種類以外にも）がある

　本書は、必ずギターを持って読んでください。「ギター教則本に書いていることがわからない」という原因の多くは、ギターを抱かないで言葉だけで理解しようとするからです。図を見てわかったつもりでも、左手が覚えません。「○弦○フレットはA7の……」などという事柄は、指板上の弦を押さえながら読んでこそ、イメージできるようになります。

　本書ではいろいろな使える音の選び方を紹介していきますが、短期間で何もかも網羅しようとすると、かえって手に馴染みません。エレベーターに乗るのではなく階段をゆっくり上るつもりで、確実にマスターしていってください。

ブルースを習得するヒント

　ブルースを習得していく際に、知っておくと便利なヒントを先に紹介します。これらを言葉で理解するのではなく、両手に馴染ませていくのが本書の目的です。

🎸 1個のコードでたくさんのフォームを知っていると応用が利く

🎸 コード・フォームで押さえた弦をそのまま弾いたり、そのフレット・ポジションからリードを発展させると良い

🎸 コードが変わっても、同じフレット位置でリードを弾き続けて良い

🎸 A7とD7のコードを足したフレット位置で弾きまくって良い

🎸 A7で、Am7およびCのつもりで弾くと土くさいフレーズになる

🎸 A7で、AおよびF♯m7のつもりで弾くと明るいフレーズになる

🎸 ベーシストが弾くフレーズを練習すると小節数を間違えない

🎸 ベーシストが弾く音をオクターブ違いで弾いても良い

🎸 バッキング時に遊ぶとオシャレ

🎸 2箇所のポジションの合間を経過音で繋ぐアプローチも効果的

🎸 外れた音を弾いても、そこから1フレットずらせばOK

ダイアグラムと重要ポジションについて

　下図は「ダイアグラム」と呼ばれるもので、横線は弦を表し、下から「6弦、5弦……」と数えます。縦線はフレットを表しており、その下にある数字（フレット番号）は多くのギター・ネックに記されているポジション・マークの位置に準じています。

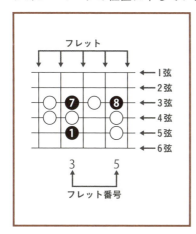

　●がおもに意識するべき音、○はそれに付随して使っても良い音です。●の中に「人、中、薬、小」と書いている場合は、最初に慣れておくと良い運指を表していますが、他の運指を使うこともあります。

　左図のように●の中に数字が書いてあるのは、意識してほしい譜例において、各ポジションの「度数（P.014）」を表記しています。

本書の活用法

　図を見て、使うポジション（●と○）を把握してTAB譜を参考に音源とともに練習してください。譜例では図にない音が出てくることもありますが、そのページで意識してほしい重要ポジションが●と考えてください。難しいと思う譜例は飛ばしてもよく、さらに「今日はバッキング、明日はリード」などと、気分でページを行き来してもOKです。また、付録音源のギターは（ノン・エフェクトの）クリーン・トーンで収録していますが、歪ませた音で弾いても構いません。第7章ではアコギを使ったアプローチを紹介していますが、これをエレキで弾いてもOKです。逆にすべての章をアコギで弾いても構いませんが、その際エレキのようなチョーキングをしないプレイが好きな人は、チョーキングの部分をスライドなどに置き換えて対処してください。

BOXをイメージすると弾きやすい

　本書では、時々「雪上車」「北海道」「本州」と名づけた3つのBOX図を表示しています。このBOXをイメージしてプレイするとリード・ギターが弾きやすくなります。いずれは、コードがわからない曲でも、どれかのBOXを見つければ、すぐにアドリブできるようになります。

雪上車BOX（※雪上車BOXは、ほかのBOXと重ねて表示することもあるため、見分けやすいよう色を付けています）

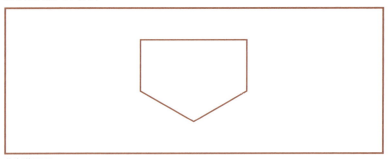

北海道BOX

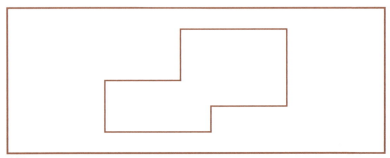

本州BOX

譜面のリピート・マークとテンポ表記

各譜例に、進行を表すリピート・マークが入っています。 :|| が出てきたら ||: まで戻ります。冒頭の1小節目に戻る場合には、||: は省略されます。Track 04以降は、1. に進んでリピートになり、2周目では 1. を飛び越え 2. に入ってエンディングとなります（Track 38、Track 39除く）。

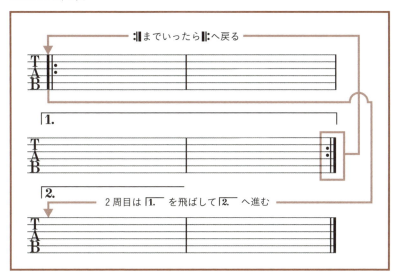

各譜例には音源のテンポを表す数字も表記しています。これを目安に「速い曲／遅い曲」を意識しながらプレイしてください。ちなみに「♩=60」が1拍1秒で、この数字が「120」になれば1拍0.5秒です。

音源の活用法

付録音源では、TAB譜が書いてある小節のみギター音が収録してあります。完コピでなくても良いので、ある程度なぞって弾き、リピート後の2周目は、ダイアグラムの●を参考に、タイミングを変えたりして弾いてください。冒頭のカウントは、基本的に4拍です。

ブルースで多用されるセブンス・コード

　ブルースで多用されるセブンス・コードの意味を説明しておきます。まず、コード名の最初の大文字（ローマ字）はコードの一番低い音でルート音とも言います。そのルート音を「1度（❶）」として、そこから**各音を数えた時の数字を「度数」**と言います。

　下の図は、6弦をルート音とする場合のセブンス・コード（左）と、5弦をルート音とする場合（右）のセブンス・コードのフォームです（❽は❶と同じ音）。同弦で2箇所の●がある場合は、どちらかの音をチョイスしてください。「❶、❸、❺」で構成されるコードはメジャー・コードになりますが、セブンス・コードではここに「❼」が加わっています。

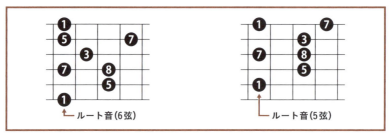

6弦ルートと5弦ルートでコードを押さえた時の❼の場所を確認しよう！

　なお、❶から数えた7番目の音（ドレミ……で言うシ）は本来「メジャー・セブン」で、**本書での「❼」は「フラット・セブン（シ♭）」**を指していますので、混同しないよう注意してください。

　度数で示したこれらコードの構成音は、そのままリード・ギターを弾く時も使用可能な音ということになります。ただし、リードをとる時に漠然とコードの構成音を使っていてもカッコ良さは出ません。本書ではブルース・フィーリングを持つフレーズにトライしながら、「どうすればカッコ良いブルース・フレーズを作ることができるのか」という手法を身につけていただきます。

第 1 章

Chapter:1

コード移動の基本
＜Ａキー＞

この章では、ブルースの基本リズムとそのピッキング方法をマスターしていきます。3つのセブンス・コードを使ったAブルースのバッキングからトライしていきましょう。なお、この章の譜例は、すべてダウン・ピッキングで弾いてください。

ブルースのリズム・アプローチ

▌シャッフル・リズム攻略

　実際の譜例にチャレンジしていただく前に、まずはブルースの**跳ねたリズム**のとり方を説明しておきます。ブルースのリズムは、基本的に**跳ねて演奏**（「シャッフル・リズム」と言う）することが、非常に重要な要素になります。

　まず、「1、2、3、4、」の1拍ごとに足踏みをしてください（足踏みは演奏中、常に行うことをオススメします）。次に1拍の音の長さを3分割して「タタツ（♪♪♪）」にすると考え、3分割した**真ん中の音を休符として区切り**「タ　ツ（♪　♪）」とするか、あるいは**真ん中を空振りして音を伸ばす**「ターツ（♪ー♪）」にします。これが跳ねたリズムです。

　このリズムで乗り続けて曲を演奏することが「シャッフルで演奏＝ブルースの基本リズム」ということです。「♪　♪」「♪ー♪」いずれの場合も、本書では**「中抜き」**と表現します。

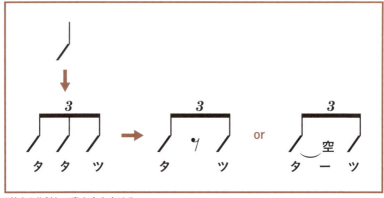

1拍を3分割して真ん中を空ける

ブラッシングの3連符から中抜き

ここからは実際にシャッフル・リズムのバリエーションとそれがどんなものかを体感していってみましょう。ぜひ付録音源とともに練習してください。

まずは、左手でネック全体を包むように握り、全弦に触れる（弦はフレットに押さえつけない）ことでミュートし、右手は**X**のタイミングで**全弦をダウン・ピッキング**してください。ちなみにこの（音高を出さないでアタック音のみとする）プレイの方法を**ブラッシング**と言います。4小節目は「中抜き」を空振りすると「**X　X**」になります。テンポ・キープするには2＆4拍目の表「＞」でアクセントを入れるようなつもりでリズムに乗ると良いです。

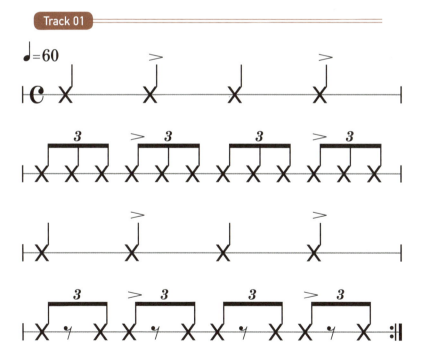

Track 01

3連符のアタマの音を伸ばす

　左手の人差指1本でAコードを押さえて（下図。1弦は鳴らさなくてOK）ダウン・ピッキングしてください。4小節目では「中抜き」を空振りに。その際、**左手を押さえたまま**にしていれば、3連符のアタマの音が長い「♪ー♪」になります（比率にすると2：1）になります。

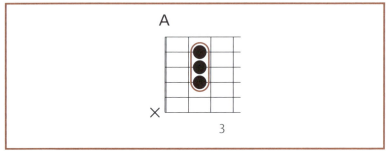

使用ポジション「Aコード」

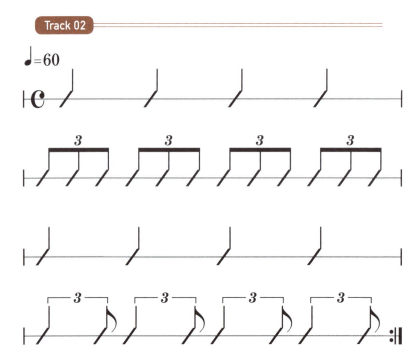

中抜きを区切る

下の譜例は、Track 01 と Track 02 の合体だと思ってください。3小節目は「中抜き」をブラッシングにして「♪×♪」とします。4小節目は「中抜き」をミュートして「♪　♪」になります。ここでのミュートは、**弦を押さえている人差指を浮かせる**とともに、5弦開放の音も止めるために**左手の中指や薬指や小指も弦に乗せます**。

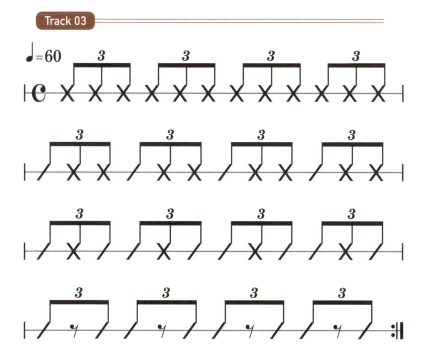

第1章　コード移動の基本＜Ａキー＞

ミュートの具体例

　音を出した後に、ブラッシング or 休符にする瞬間は、**全弦をミュート状態にします**。ミュートはおもに左手の指を利用します。

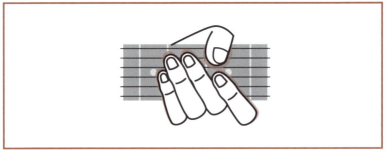

左手の指で弦に触れてミュートをする

　場合によっては右手でミュートすることもあります。

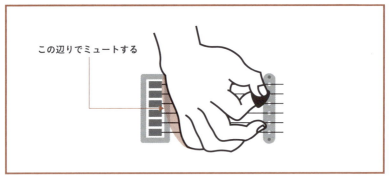

右手で弦をミュートする方法も習得しておこう！　小指側の側面を使うイメージで

　音を消すには、左手でも、右手でも「**とにかく使える指を使ってミュートする**」ということです。例えば、P.018やP.019のAコードは人差指を使用するのですが、音を出した後に、中指や薬指は（すぐにミュートに使えるよう）弦から、あまり離れていない空間に浮かせて待機させておきます。

　ちなみに、ミュートですぐに音を止める弾き方を「**スタッカート**」と言います。

シャッフル表記の説明

　ここまでに見てきたリズム譜は、1拍を3連符として表記してきましたが、シャッフルの曲では「中抜き」を読みやすくするために、譜面の左上に下記のような表記をします。「**左のように書かれている**音符を=**右のようにシャッフル**で弾く」という意味になります。これ以降の譜例は、この表記を使用していきます。

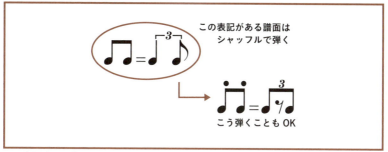

この表記がある譜面はシャッフルで弾く

　上記のシャッフル表記は「中抜き」を伸ばして弾くようになっていますが、休符で区切って弾いても構いません（図右下のような符割）。「中抜き」を休符にすることは手前の音をスタッカートにすることと、ほぼ同じです。なお、1拍で3音を出す場合は3連符（♪）で表記します。

リズム・プレイの考え方

　基本的に「この弦を押さえて弾いて、次は……」という順番のような考え方はしないで、「すべてのタイミングで右手を振り続けて、**ピッキングしない時だけ空振り**する」と考えましょう。あるいは、ブルースでは「右手で3連符をブラッシングしていく中、**出したいタイミングのみ左手で弦を押さえる**」という動作に慣れておくと、テンポ・キープがうまくいくようになります。

　それでは、次ページから実際にブルースを弾いていきましょう。

基本的なコード進行を確認

♪ 重要ポジションと基本運指

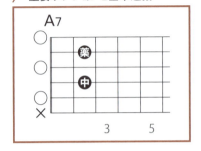

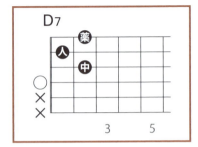

Track 04

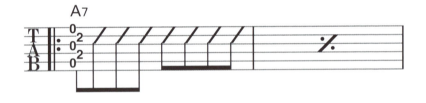

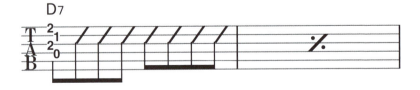

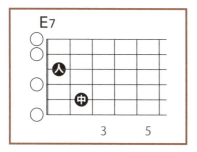

> 💡 **ヒント**
> A7コードが4小節続くところは「意外と長い」です。小節数を見失わないようにしてください。

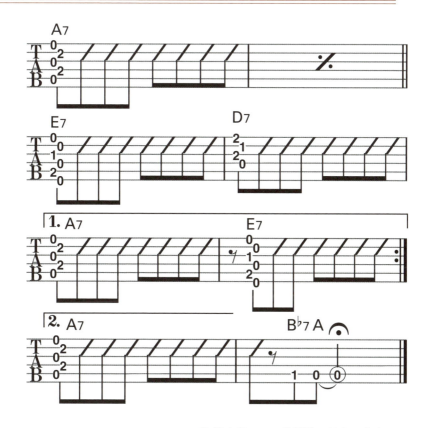

● 第1章　コード移動の基本＜Aキー＞

動きのあるバッキング その1

♪ 重要ポジションと基本運指

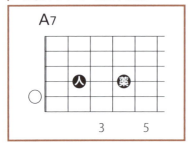

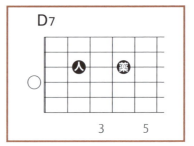

Track 05

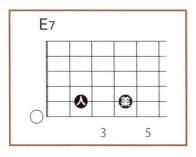

> 💡 **ヒント**
>
> 任意でスタッカートし、「中抜き」で音を止めることにもチャレンジしてみてください。

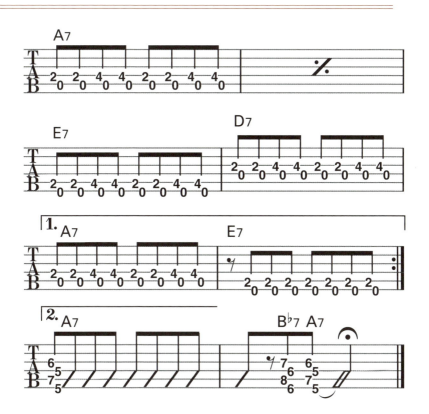

● 第 I 章　コード移動の基本＜Ａキー＞　　025

動きのあるバッキング その2

♪ 重要ポジションと基本運指

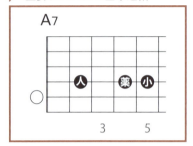

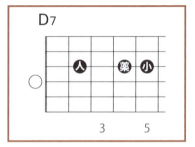

Track 06

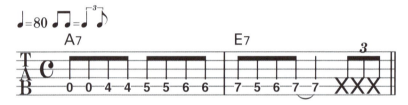

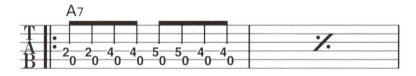

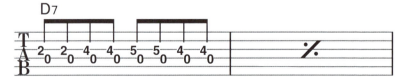

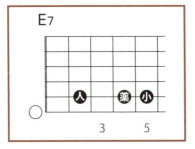

> **ヒント**
> なるべく2フレットの人差指を離さないままでプレイしましょう！

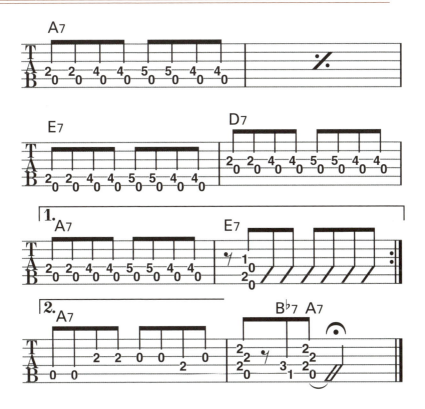

● 第1章　コード移動の基本＜Aキー＞

3連符を入れてみる

♪ 重要ポジションと基本運指

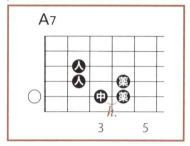

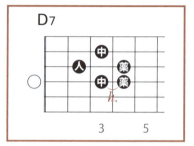

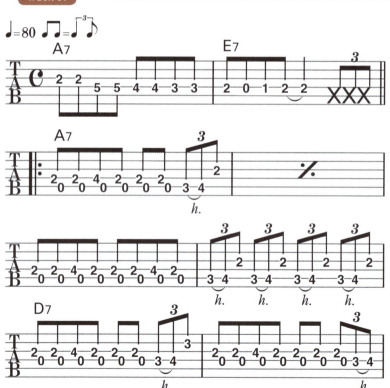

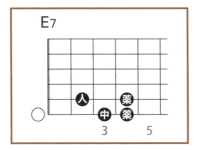

> **ヒント**
> 3連符の真ん中はハンマリングになっています。ピッキングはしませんが、空振りは行ってください。

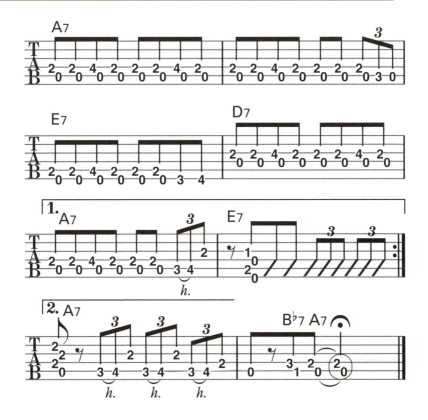

● 第１章　コード移動の基本＜Ａキー＞

フォームのバリエーションを増やそう

♪ 重要ポジションと基本運指

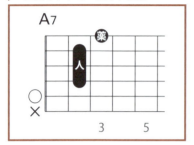

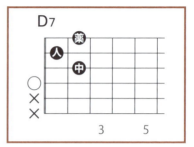

Track 08

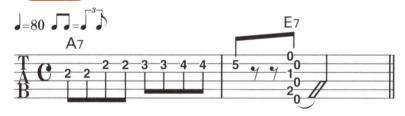

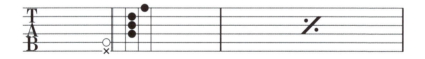

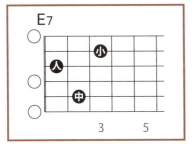

> **ヒント**
> 小節ごとにコード・フォームをしっかり押さえて、ピッキングする弦は任意で弾いてください。

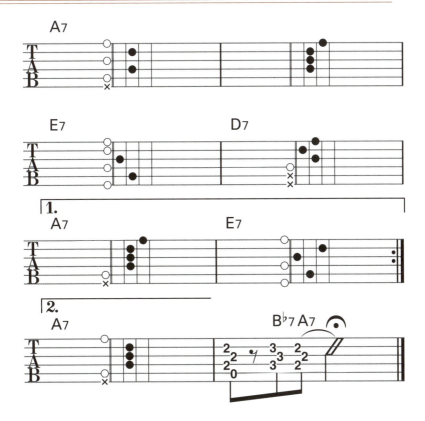

● 第1章　コード移動の基本＜Ａキー＞

5フレット付近のコード・フォーム

♪ 重要ポジションと基本運指

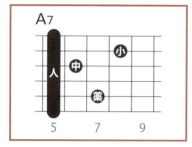

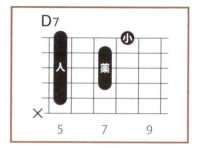

Track 09

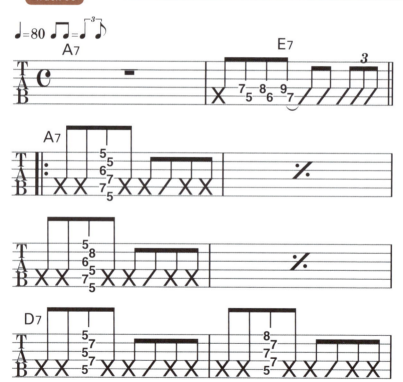

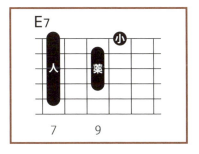

> **ヒント**
> ブラッシング時は押弦している左手の力をゆるめて休憩させましょう！ E7の時に6弦開放は鳴ってもOK。

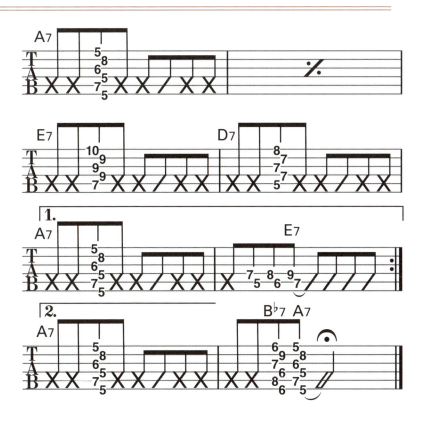

● 第Ⅰ章　コード移動の基本＜Ａキー＞

Chapter:1 ここまでのまとめ

　本章ではセブンス・コードのみを使ってきましたが、常にコード内の「❼」の音を鳴らさないといけないわけではありません（時々は鳴らしたほうが良い）。**A7の時にAコードのポジションを使っても良い**です。このことはブルースのリード・ギターを弾く上でも重要なのでぜひ覚えておいてください。

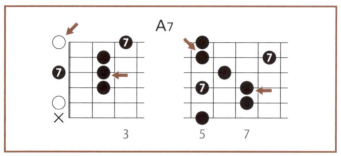

A7コードの時は「❼」だけでなく、矢印で示したポジションを使ってもOK！

　時に❼の音を鳴らし、時にAコードのポジションを使って弾く、さらに❼のポジションも時々に変えていくと、それだけで演奏に変化が出るので試してください。

　また、押さえたコード・フォームの**すべての弦を常に弾く必要はありません**。弦を抜粋してピッキングすることで、プレイに変化もつきます。同じフォーム（特にバレー・コード）のまま指を押さえ続けているより、変化を入れたほうが指も楽になるでしょう。こういうことが上達すればするほど、プレイも楽になっていくのです。それにコード・フォームの中の弾く弦を減らしていくことは、リード・ギターの入り口にも繋がっていきます。

第2章

Chapter:2

リード・ギターの
入り口
＜Ａキー＞

この章では、リード・ギターの基本として「このポジションを使うといいよ！」ということを、5フレット周辺のポジションから覚えていっていただきます。この章もすべてダウン・ピッキングで弾いてください。ロング・トーンの時にビブラートすることも心がけてください。

コードが変わっても同じフレーズが使える

🔑 重要ポジションと基本運指

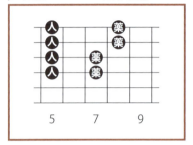
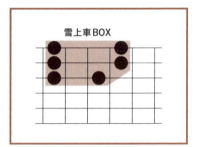

Track 10

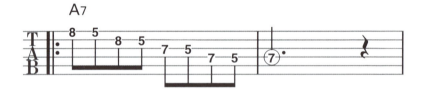

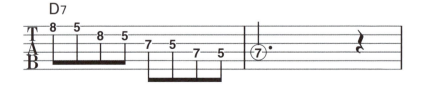

ヒント

A7、D7、E7すべてのコードで、一貫して同じフレーズを弾いてみましょう！ 左の図にある雪上車BOXを使うと、やや土くさいフレーズになるということを体感してください。

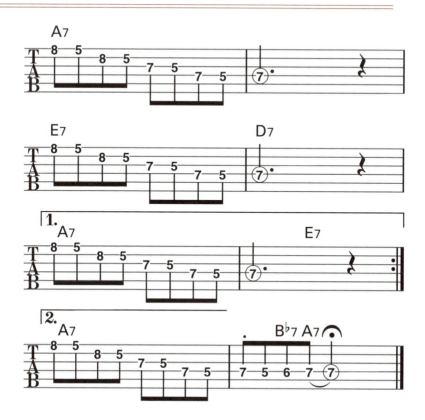

● 第2章 リード・ギターの入り口＜Aキー＞

フレーズに変化を出す

重要ポジションと基本運指

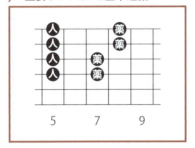
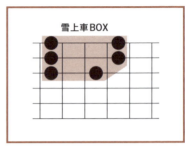

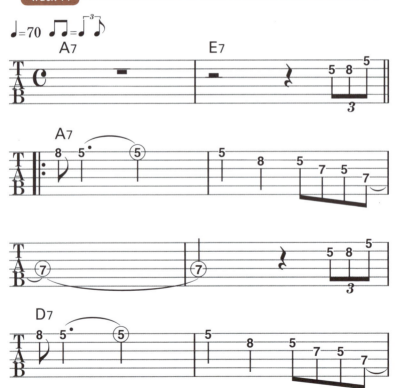

ヒント

Track 10 と同じく雪上車BOXを使ったフレーズ・パターンです。2小節目のように、4拍目から次の小節に向かってフレーズを弾きはじめるパターンが多用されています。ブルースでは定番のアプローチなのでぜひマスターしてください。

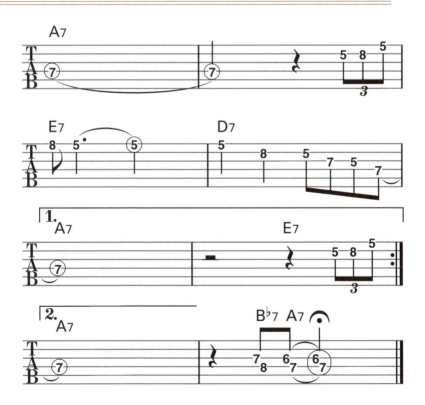

● 第2章　リード・ギターの入り口＜Aキー＞

別のポジションを試す

🔍 重要ポジションと基本運指

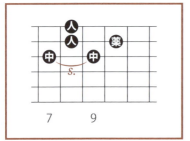

Track 12

> **ヒント**
> 北海道BOXは、雪上車BOXの同音を置き換えたものです。1弦5フレットは2弦10フレットと、2弦5フレットは3弦9フレットと同じ音です！ 3弦9フレットと7フレットを（中指で）スライドさせる動作を左手にしっかり覚えさせましょう。

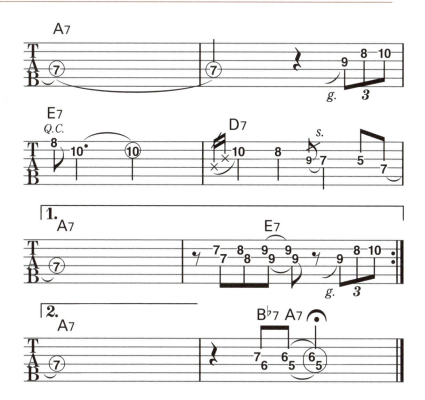

● 第2章 リード・ギターの入り口＜Aキー＞

オクターブ違いを試す

重要ポジションと基本運指

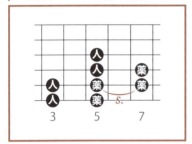

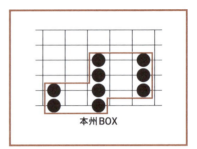

Track 13

💡 ヒント

Track 12で使った音のオクターブ違いのポジションです！ オクターブ違いのポジションはすぐに見つけられるようにしておくと良いです。5弦7フレットと5フレットを（薬指で）スライドさせる動作にもしっかり慣れてください！

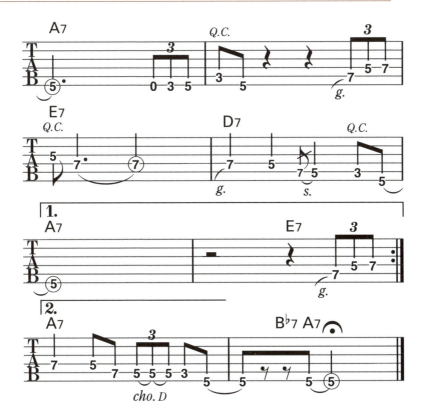

● 第2章　リード・ギターの入り口＜Aキー＞

覚えたポジションを使って

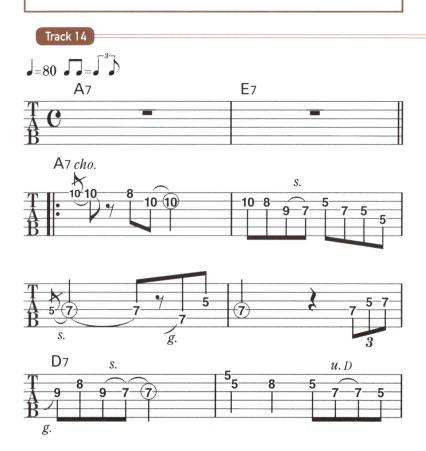

ヒント

少しずつブルース・フィールなフレーズが増えてきました。チョーキング、グリッサンド、スライドなどのテクニックを増やしていくことも視野に入れてください。8小節目の *u.* はチョーキングした状態でピッキングし、*D* でチョーク・ダウンさせます。

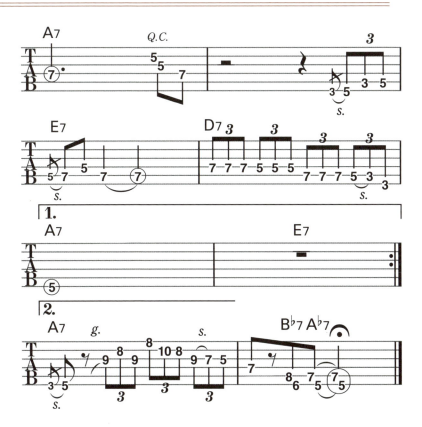

● 第 2 章　リード・ギターの入り口＜Ａキー＞

明るいブルース・フレーズ

♪ 重要ポジションと基本運指

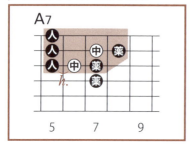

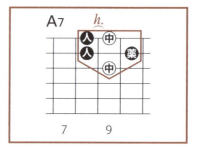

Track 15

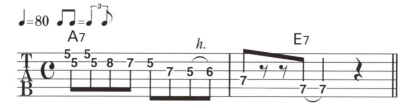

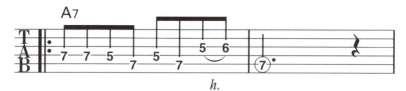

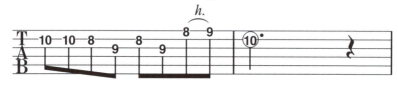

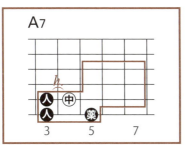

> **ヒント**
> 左の3つの図で示したポジションでハンマリングをすると、少し明るい雰囲気を持ったフレーズになります。

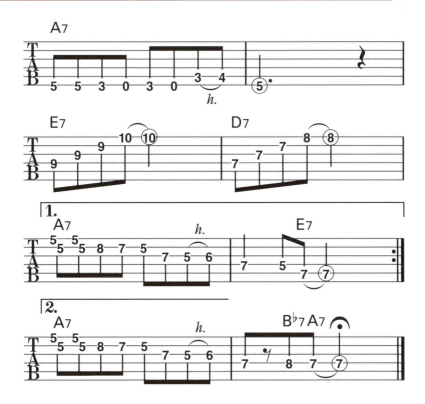

● 第2章 リード・ギターの入り口＜Ａキー＞

Chapter:2 ここまでのまとめ

まず、リード・ギターの際は「**バレー・コードのセーハ・ポジションは全弦使って良い**」と思ってください（Aコードでは5フレット）。そして、その周りに3つのBOXをイメージして、「●は使って良い音」として練習してください。下の図のように各BOXの左端の●を人差指で押さえる癖もつけましょう。

各BOXの左端に人差指を使用することで、使い慣れていこう！

A7コードで押さえる3弦は、6フレット（ド♯）なのに、上図では5フレット（ド）を使用しています（下図）。本来これはAm7などで使うポジションですが、**Aキーの曲で使っても問題ありません。これを使うと土くさいフレーズになります。**

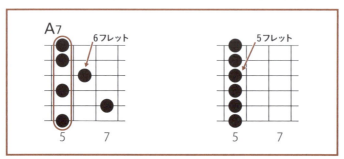

A7コードの3弦は6フレットなのに、5フレットを使用

雪上車BOX（左）の音を置き換えたのが北海道BOX（右）です。北海道BOXの3〜1弦は、少しCコードっぽい位置です（Cコードのバレー・コードは8フレットをセーハする）。人差し指の位置を基準に「**Aブルースでは、Am7やCコードっぽく弾くと土くさくなる**」と覚えてください。

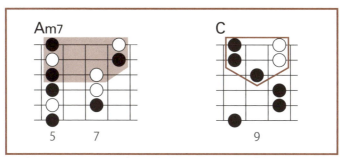

雪上車BOXはAm7コードっぽい、北海道BOXはCコードっぽい

　ただし、本来のA7のフォームである3弦6フレット（ド♯音）を使っていけないわけではありません（下図）。この音を使うと**少し明るいフレーズになります**。その要素を取り入れたのが**Track 15**（P.046）のハンマリング音で、1弦9フレット＆5弦4フレットも同じド♯音です。

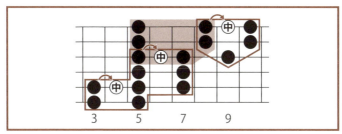

「㊥」の音を加えると明るいフレーズになる

Chapter:2 ここまでのまとめ

こう理解もできる！

　ここまで紹介したポジションを、理論から説明します。「ドレミファソラシド」というC音から始まる音階は「(Cの) **ダイアトニック・スケール**」と言い、下の図のように弦2本ずつで同じ位置関係になっています。

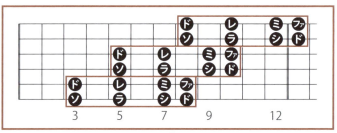

Cのダイアトニック・スケールを示したポジション図

　ここから、ファとシを抜いて残った5音を「**ペンタトニック・スケール**」と言い、ブルースの大定番スケールです。これが本書の「北海道BOX」と「本州BOX」の基本となります。この音階を**Cコードで弾くと明るいフレーズ**になり、**Aコードで弾くと土くさいフレーズ**になるのです。

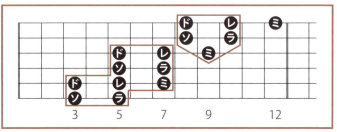

Cペンタトニック・スケールのポジション。ファとシを抜くと北海道/本州BOXがイメージできる

第 3 章

Chapter:3

コード・フォームは
たくさんある
＜Ａキー＞

この章では、A7、D7、E7コードのバリエーションを増やすとともに、それぞれのコードを少しアレンジして、ひと味違う響きを得るアプローチを紹介します。また、本章からアップ・ピッキングも使用していきます。

ブルースのリズム・アプローチ

■シャッフルにアップ・ピッキングを取り入れる

　前章まではダウン・ピッキングのみで弾きましたが、テンポが速い曲では限界があるので、この章からアップ・ピッキングも取り入れます。シャッフルのリズムにアップ・ピッキングを取り入れる際は、基本的に「♪ー♪」を「**ダウンーアップ**」で弾きます。「ダウンーアップ」で弾くということは、中抜き時に、右手を少し「待機状態」にして止めることになります。この「待機」の影響でリズムがヨレてしまうことがあるので注意が必要です。しばらくは中抜きのタイミングで右膝を叩くなどして身体を慣れさせてください。

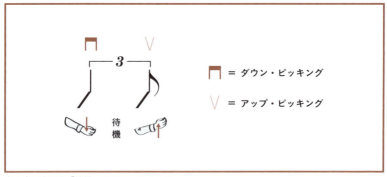

真ん中で右手を「待機」させて一旦止める

　次に3連符を弾く場合です。「♪♪♪」を「ダウン、アップ、ダウン」のピッキング順序で弾くと次の拍がアップ・ピッキングで始まることになり、動作の順番が裏返ってしまいます。これもリズムのヨレに繋がるので慣れが必要でしょう。ダウン／アップで3連符を弾く時は、2拍分を1周と捉えると良いです。「ダウン、アップ、ダウン→アップ、ダウン、アップ」と6連符のように考えるのです（次ページ上図）。そうする

と、次の3連符はまたダウン・ピッキングから始まり、裏返りが元に戻ります。

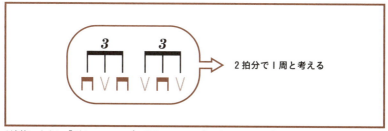

6連符のように「ダウン、アップ、ダウン、アップ、ダウン、アップ」で弾く

　上記のピッキングに慣れた後に、極端にテンポが速くない曲であれば、あえてピッキングをイレギュラーにして「ダウン、アップ、ダウン」のくり返しにしたり、「ダウン、ダウン、アップ」のくり返しにすることも可能です。ただし、テンポ・キープには注意してください。それには、**Track 20**（P.062〜063）のような弦違いの3連符を練習して、安定したリズムを保つ訓練をしておくのが得策です。

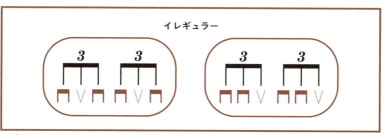

いずれはイレギュラーなピッキング・パターンでも弾けるようにしましょう

　どのピッキング方法であれ「小節の1＆3拍の最初の音はダウン・ピッキングにする」ことは常に心がけてください。

　イレギュラーにピッキングしているミュージシャン映像を見ることがあるかもしれませんが、それは、ある程度のリズム感を習得した人は「アップ、ダウン」を変更してプレイすることも可能ということです。リズム感を習得するまでは、基本的なピッキングを丹念に練習する必要があります。

C7フォームをズラして使う

🎵 重要ポジションと基本運指

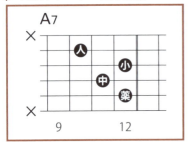
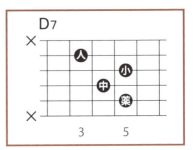

Track 16

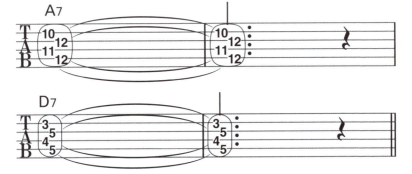

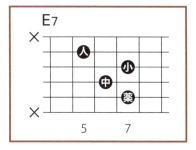

> **ヒント**
> ロー・コードのC7フォームをズラして、A7、D7、E7を作ります。6 & 1弦は弾かないように！

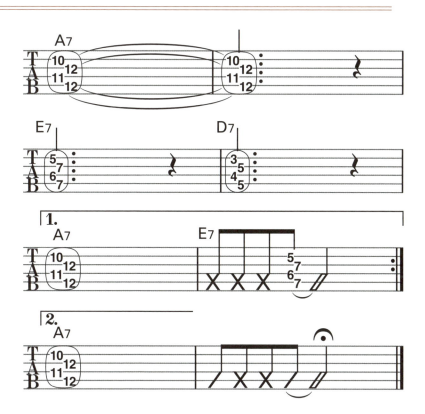

● 第3章　コード・フォームはたくさんある＜Aキー＞

少しジャズっぽい「9（ナインス）」コードで

重要ポジションと基本運指

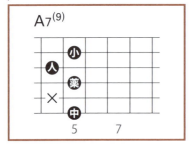

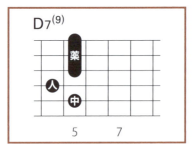

Track 17

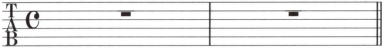

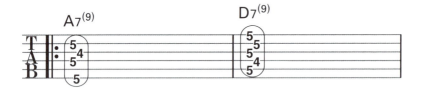

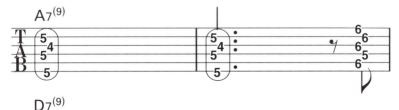

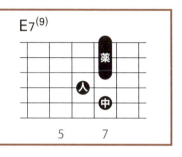

> 💡 **ヒント**
>
> 時々、半音高いところからそのコードへ移動（スライドでもOK）するとカッコ良い！ $A7^{(9)}$の5弦はミュートです。

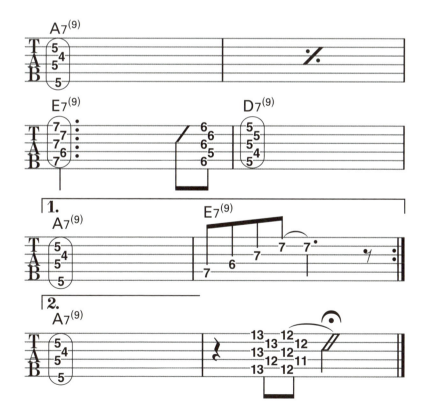

● 第3章　コード・フォームはたくさんある＜Aキー＞

A7の時にDへ散歩する

🎵 重要ポジションと基本運指

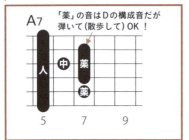
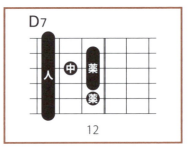

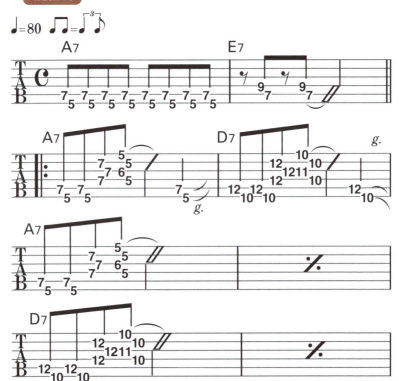

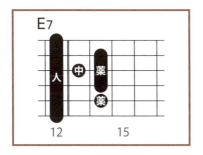

> **ヒント**
> 6、5弦を鳴らす時と、4〜1弦を鳴らす時では、左手の弦への力の入れ具合を変えて立体感を出しましょう！

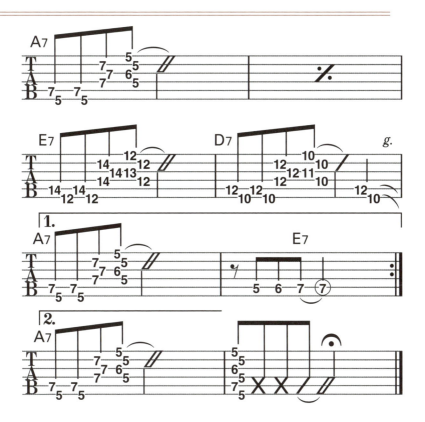

● 第3章　コード・フォームはたくさんある＜Aキー＞

ハイ・コードと開放弦の合体

♪ 重要ポジションと基本運指

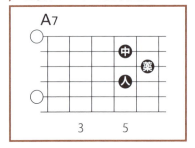
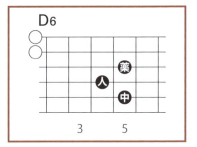

Track 19

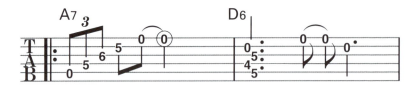

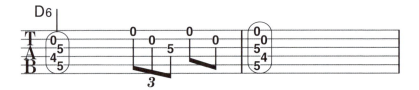

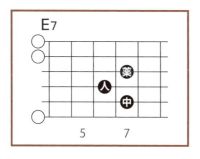

> 💡 **ヒント**
>
> アルペジオのプレイは譜面だとバラバラな数字ですが、コードとして響くように前の音に積みかさねましょう。

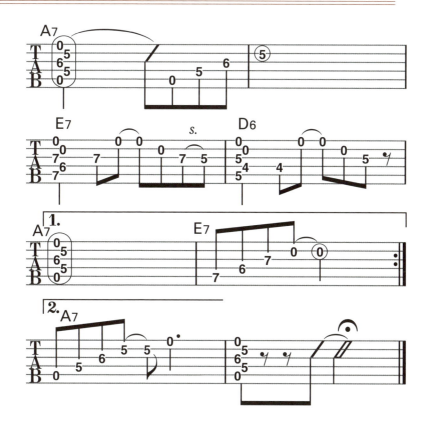

● 第3章　コード・フォームはたくさんある＜Aキー＞

3〜1弦でコード表現

重要ポジションと基本運指

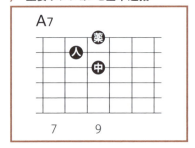

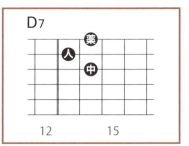

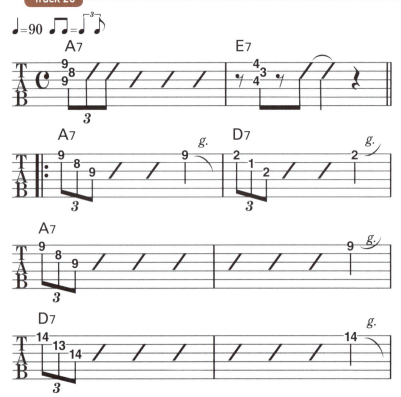

※太い斜め線（/）は、前の拍とまったく同じ演奏を意味します。

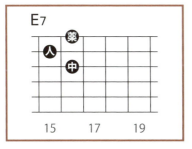

> **ヒント**
> P.053のイレギュラー・ピッキングも練習しながら、少し弾き損じても気にせずリズムに乗り続けましょう！

● 第3章　コード・フォームはたくさんある＜Aキー＞

低音中心のアプローチ

♪ 重要ポジションと基本運指

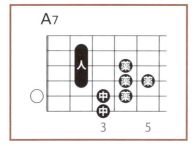

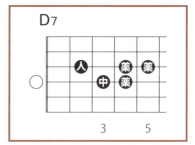

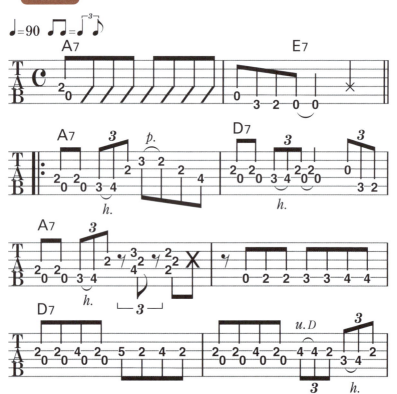

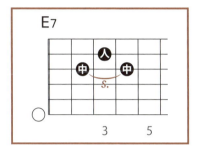

> 💡 ヒント
> 譜面通りでなくてもOK。このトラックのようにアドリブっぽくバッキングする感覚を身につけましょう！

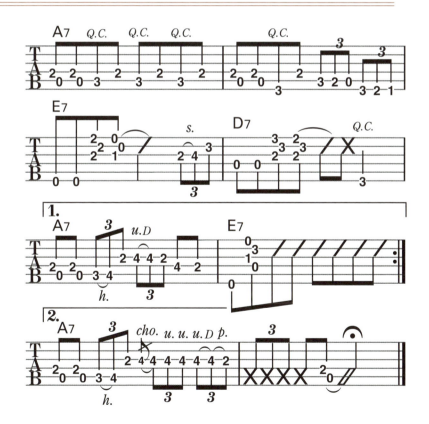

● 第3章　コード・フォームはたくさんある＜Aキー＞

Chapter:3 ここまでのまとめ

　この章ではコード・フォームのさまざまなバリエーションも紹介しました。基本的には一般的なセブンス・コードのフォームをズラしたり、ポジションを置き換えたり、抜粋しているだけです。その多くのフォームに「三角形がある」ことに注目してください。このことは今後リードを弾く上でも覚えておくと非常に便利です。

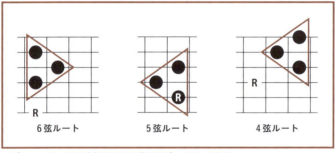

セブンス・コードの抜粋形には三角形が多いことに注目

　本章ではフォームの形を覚えやすくするために、フレット間の移動が大きい運指も取り入れましたが、コード・フォームの組み合わせは基本的に「なるべく近くのポジション」で構築していくと美しいバッキング・プレイとなります。

　そのほか、この章では前章までA7を弾き続けていた冒頭部分にD7が挟まれています。これはブルースで、ときどき使われるコード進行です。これを利用すると小節数を間違えにくくなります。ただし、セッションで使う時は、この進行を知っていそうな人と合奏する場合にのみ使用するのが良いでしょう。

P.058で「散歩」と表現したのは、その時のコードから少しだけ他のコードに移動して戻ってくるというプレイだと思ってください。この散歩は「A + D」「D + G」「E + A」という規則性のあるカップリングになっており、よく使用されます。最初はひとまず「6弦ルートのコードから、（同じフレットの）5弦ルートのフォームへの移動」と覚えておくと良いでしょう。

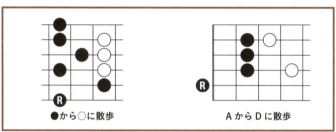

右図の「AからDに散歩」は散歩をロー・コードで展開した例

　また、Track 21（P.064〜065）では、次のコードへの移行をなめらかにするため「経過音」を入れています。手癖にすれば、他のキーの曲でもすぐに使えるようになるでしょう。

次のコードへの移行をなめらかに聴かせる「経過音」の使用例

Chapter:3 ここまでのまとめ

▌こう理解もできる！

　A7のところでDに散歩して良いことをコード理論で説明すると、下の図のように、(例えば)Dで押さえる「**2弦7フレット**」はAからすれば13度(6度でもある)というテンション音になるからです。同じように「**3弦7フレット音**」はAコードにとって4度の音です。これらは、もともとAのダイアトニック・スケール(P.050参照)なので、使用しても問題ないのです。ただし、これらはダイアトニック・スケール音であってもコード構成音ではないので、**アドリブ・ソロの最後の音では使用しないほうが無難**です。経過音的な使い方をするのが穏当でしょう。

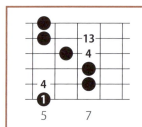

5弦5フレット、3弦7フレット、
2弦7フレットはDコードの構成音だが、
Aをルートとして「4」「13」の音と
見ることもできる

Dコードの構成音はAのダイアトニック・スケールにも含まれている

　上図の「❶(I度)」を10フレット位置で考えれば「D + G」、12フレット(あるいは開放弦)で考えれば「E + A」も同様となります。ボ・ディドリーの「アイム・ア・マン」「フー・ドゥ・ユー・ラヴ」や、多くのブルースマンが弾く「リトル・レッド・ルースター」などで、この散歩カップリングがリフとなっています。

第 4 章

Chapter:4

リード・プレイを
広げていこう！
＜Ａキー＞

この章では、A7コード内で鳴らして良い音を増やしながら、コードご
とに音をチョイスする方法を練習します。第3章までで覚えたコード・
フォームから弦を抜粋していくことで、コードの変化をリード・ギター
で感じられるプレイになります。

経過音を使う

重要ポジション

Track 22

> **ヒント**
>
> これまでスライドで経過してきた3弦8フレット（レ♯）音を鳴らします。Aブルースでは「3弦4〜9」フレットは使ってOKとなります。ただし、経過音では音を止めないほうが無難で、フレーズを弾きはじめる＆止める場合には●を使った方が良いです。

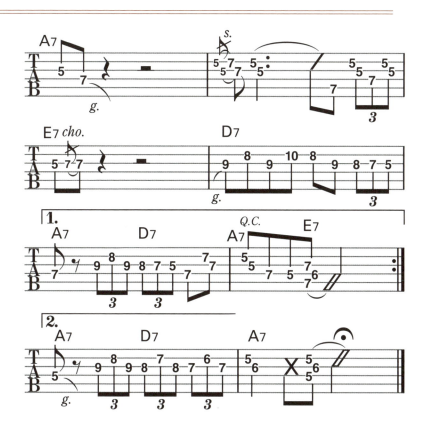

第4章　リード・プレイを広げていこう！＜Aキー＞

クォーター・チョーキングと
相性の良いフレットを確認！

重要ポジション

■で囲われたポジションはクォーター・チョーキングと相性が良い。

Track 23

💡 ヒント

「3弦5フレット、3〜1弦8フレット」で半音までいかないクォーター・チョーキング (Q.C.) をして、ギリギリ「届かない感じ」にすると、よりブルージィになります。これらは「土くさくなる要因の音」で、それを途中のピッチ感で止めるアプローチです。

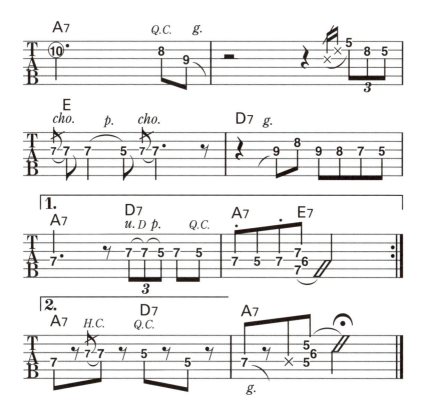

● 第4章 リード・プレイを広げていこう！＜Aキー＞

コードのセーハ・ポジションを
もとにリードを展開する

重要ポジション

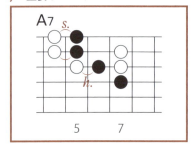
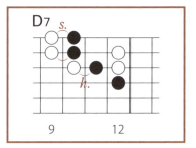
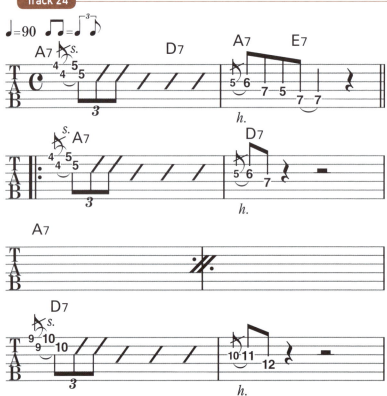

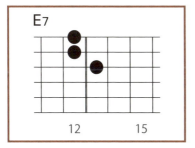

> **ヒント**
> Track 15に似たポジションをコードごとに移動します。3弦のハンマリングが土くさい音を明るくしています。

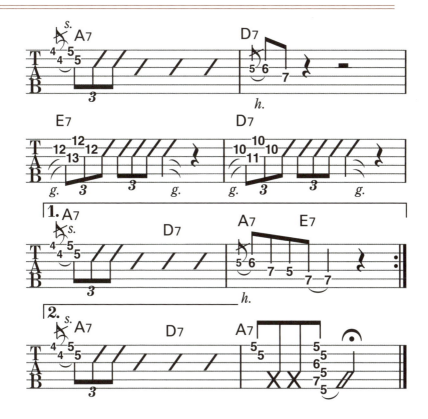

● 第4章 リード・プレイを広げていこう！＜Ａキー＞

3＆1弦だけを使った展開

♪ 重要ポジション

Track 25

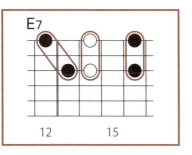

ヒント
2音ずつの並びを「斜め、縦、縦」と捉えて弾きましょう。この音使いが持つ明るい雰囲気も感じてください。

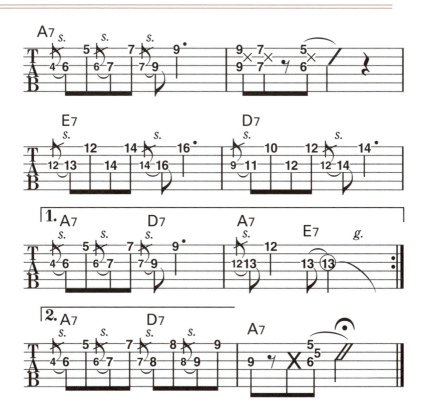

● 第4章 リード・プレイを広げていこう！＜Ａキー＞

4＆3弦だけを使う
簡単アプローチ

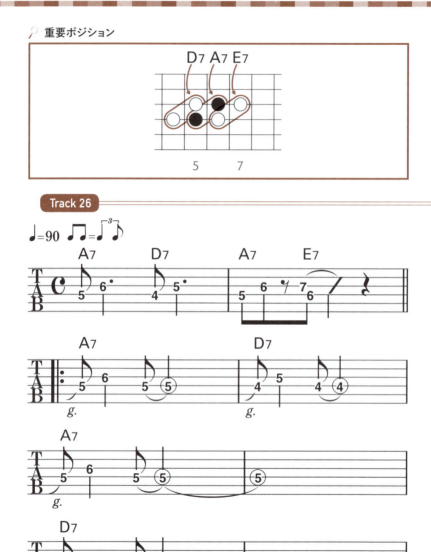

💡 ヒント

これまでのコード・フォームを部分的に抜き出すと、前ページの図のような移動が見つかります。ここでは、4＆3弦で音を抜き出しています。3コードが同じ形が並んでいますね。弾くのは簡単ですが、何度も練習してこそアドリブの時にも活用できます！

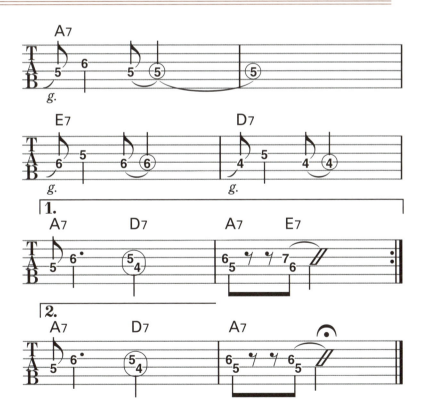

● 第4章 リード・プレイを広げていこう！＜Aキー＞

F♯m7っぽい明るいフレーズを練習しよう

重要ポジション

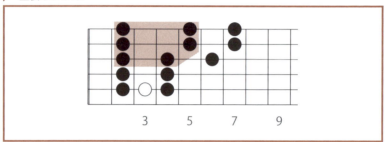

Track 27

> 💡 **ヒント**
> 5フレットで北海道BOXを使うことは、2フレットで雪上車BOXを使う（F♯m7っぽい音）ということです。よく見るとロー・コードのAが入っていて **Track 21**（P.064〜065）に近いです。この譜例が難しい場合、まずは使用ポジションだけでも習得してください。

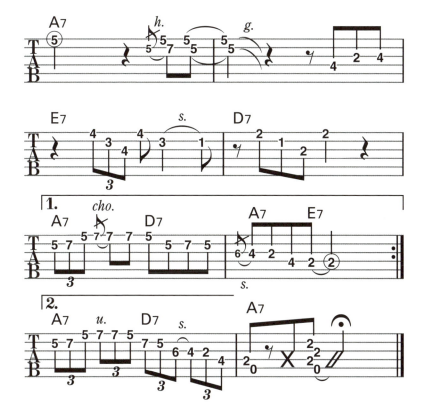

● 第4章 リード・プレイを広げていこう！＜Aキー＞

土くさいと明るいを
ゴチャ混ぜで弾いてみよう

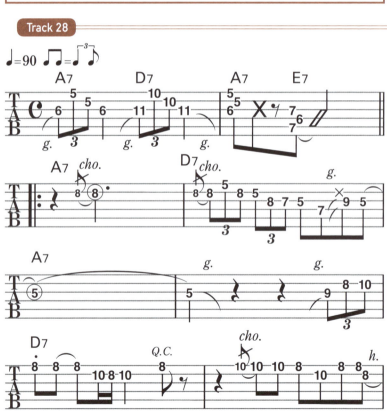

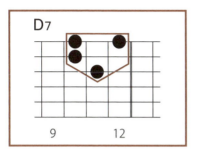

> **ヒント**
> 1、2、12、14小節と最後が明るいフレーズになっています。ニュアンスを感じながら自由に演奏してください。

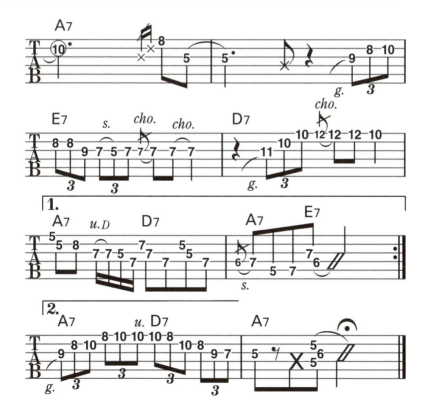

● 第4章 リード・プレイを広げていこう！＜Aキー＞

Chapter:4 ここまでのまとめ

　大きくまとめると、本書で提案するリード・ギターの弾き方は（Aキーの3～1弦で説明すると）、

1.「コード進行を気にせず土くさく弾き続ける」
　（5フレットの雪上車BOX）
2.「3つのコードを使い分けて明るく弾く」
　（6弦ルート・フレットの北海道BOX）

の2つの方法があり、その中間として「A7で3弦5フレットを6フレットにハンマリングする」や「E7だけコードっぽく弾く」でもOKということです。これらは、いずれかを使い続ける必要はなく、（ある程度の時間ごとに）気分で変えていくと、リード・ギターのプレイ幅が広がります。

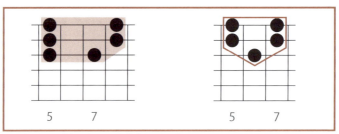

雪上車BOXは「土くさい」、北海道BOXは「明るい」

ブルー・ノートを知る

　さて、Track 23（P.072～073）の土くさくなる音「3弦5フレット、3～1弦8フレット」（1弦8フレットは3弦5フレットと1オクターブ違いの同じ音）。この3つの音を「ブルー・ノート」と呼びます（異弦同音はいろいろな位置にあります）。

　「ブルー・ノート」のうち、A7にもD7にも含まれていない

音は3弦8フレットだけなので、Aブルースを弾くには「A7 + D7 + 3弦8フレット」だと認識するのでも良いです。

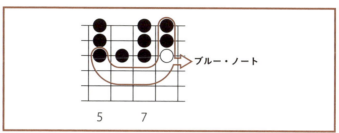

A7+D7+3弦8フレット

そして、ブルー・ノートをクォーター・チョーキングすると、よりブルージィになり、3弦5フレット音を6フレットにハンマリングすれば明るくなることも覚えておきましょう。

こう理解もできる！

言葉で説明されると「AなのにF♯m7っぽく弾く」などがわかりにくいかもしれませんが、ギターを抱いてトライしていただければ図を指板上でイメージして理解できると思います。ぜひ弾きながら本書を読み進めてください。

ところで、**メジャー・コードもマイナー・コードも❶からの❼の位置は同じ**です（次ページ上図）。よって、A7で言うと4弦5フレットと2弦8フレットは、土くさく弾く時も、明るく弾く時も使ってOKです。さらに、明るく弾く時に、F♯m7のイメージで2フレットに雪上車BOXを想定した場合❼となる2弦5フレットは弾いてOKです。

Chapter:4 ここまでのまとめ

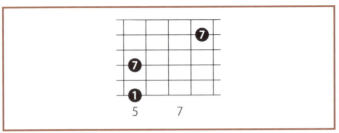

メジャーでもマイナーでも❼の位置は同じ

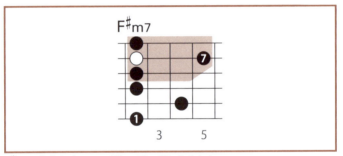

F♯m7の❼もAブルースで弾いて良い音になります

　このように土くさく弾くにも、明るく弾くにも、❼の音は大きく使いわける必要はなく、「ドは土くさい」「ド♯は明るい」ことだけ少し意識していけばOKです。「繋がっている雪上車BOXと北海道BOX」を3フレットずらして弾けば、土くさいと明るいとを弾きわけられますが、それは「ド」と「ド♯」を弾きわけることに近いのです。

　あとは適度にブルー・ノートを出せるようにしておけば、本格的なブルース・フレーズが弾けるようになっていきます。

第 5 章

Chapter:5

バリエーションに慣れておこう！＜Ａキー＞

テンポの違いや、ポジション違いをマスターしながら、少しずつコード弾きとリードとの合体を意識して「弾けること」のバリエーションを広げていきましょう。ピッキングのアップ／ダウンも、だんだん自然に選べるようになっていきます。

ブルースのリズム・アプローチ

6連符を弾くということ

　テンポの関係で限界はありますが、1拍を3連符に分割したものを、さらに2分割して6連符と捉えることも可能です。ダウンのみで弾く「♪♪♪」の合間を（空振りの裏を）アップでピッキングすることになります。

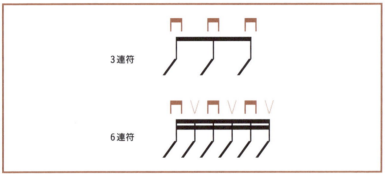

「♪♪♪」にアップ・ピッキングを増やせば6連符が弾ける

　ただし、ずっと6連符を弾いていると疲れますし、音数が多ければ良いわけではありません。よって、まずは「♪♪♪」の「中抜き」部分を2音にするという練習から入ると良いでしょう（下図／Track 30で練習）。

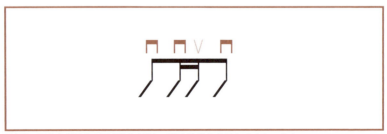

3連符の真ん中だけを2個（16分音符）で弾く練習からはじめましょう！

■ 音数とリズム感の捉え方

　テンポの遅いスロー・ブルースでは、際限ない音数でプレイすることもできます。ただし、音数が多いことがカッコ良いのではなく、時には「間を楽しむ」ことも重要です。偉大なブルースマン達のプレイからは「時には激しく連打」「時にはすごく間を空けて（ロング・トーン含む）」の両方が聴けるでしょう。本書ではブルース・ギターの習得のためにいろいろなフレーズを紹介してはいますが、極論では、4小節で1音しか弾かない演奏がカッコ良いこともあります。

　知れば知るほどアプローチの選択肢が増えるぶん、迷いも出てくるでしょう。そんな時に持っておきたい重要な心構えを紹介しておきます。それは「迷っても気にしない」ことです。「次のフレーズが思いつかない」時に「どうしよう？」という顔をしないこと。すなわち、焦らず余裕の顔つきで「休符」として待っていれば良いのです。惰性で弾くよりも、間を演出するプレイ、これはある種「休符を弾く」ということです。

　さらに、よく「前ノリ／後ノリ」や「グルーヴ」というリズムに関する言葉を耳にすると思いますが、それらの高度なプレイも、基礎的リズムがわかってこそ向かっていけるものです。しいて言えば、ブルースのリード・ギターでは、ドラムやベースよりも少しだけ遅れるタイミングで「タメて」ピッキングしていくことは多々あります。ただ、最初はそういう言葉に惑わされずに普通にプレイすることを心がけてください。そして、リズムを理解することを諦めないで上達を目指してください。

生れながらにリズム感が
それほどよくない人だとしても、
諦めなければ、向上していきます。

速いテンポで連打

🔍 重要ポジション

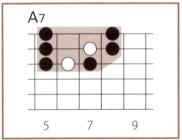

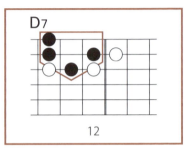

Track 29

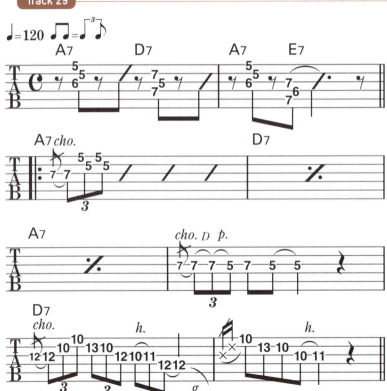

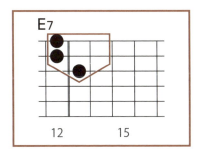

> **ヒント**
> 腕の力には限界がありますが、リズムに乗って同じフレーズを連打するプレイを身につけましょう！

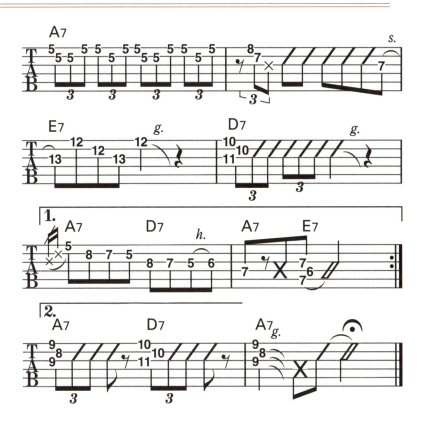

● 第5章 バリエーションに慣れておこう！＜Aキー＞

3連符に6連符を交ぜる

重要ポジション

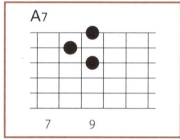

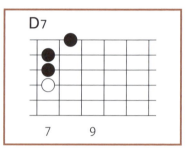

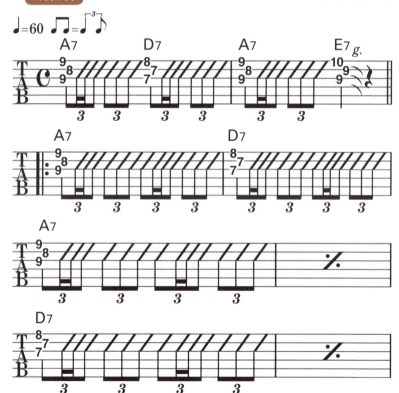

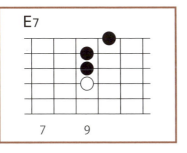

> 💡 **ヒント**
>
> 3連符をダウンで弾いて、6連符になるところでは合間にアップ・ピッキングを挟みます。

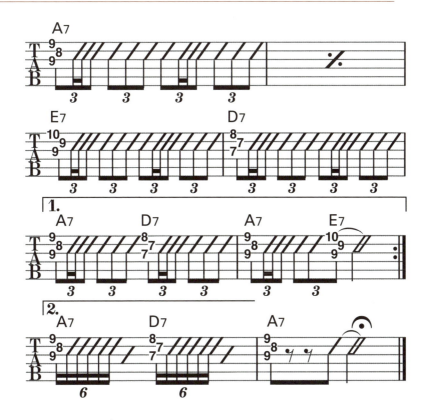

● 第5章 バリエーションに慣れておこう！＜Aキー＞

ゆっくりテンポで間を作る

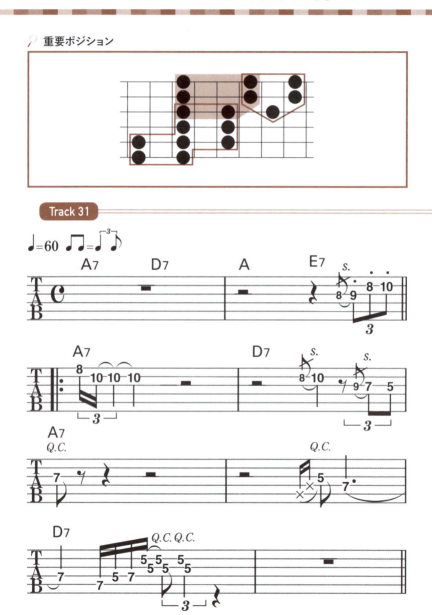

ヒント

弾きまくるだけではなく、とにかく「間」を作る！　この譜例の場合は、シャッフルのブルースで、7～10小節目では16分音符も交えたフレーズを使っています。テンポが遅い曲ではこういったアプローチも可能です。

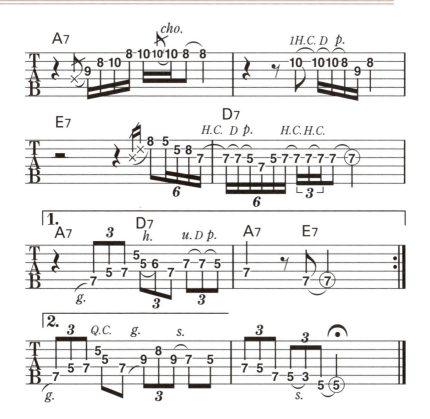

● 第5章　バリエーションに慣れておこう！＜Aキー＞

ベース・フレーズを真似る

♪ コードごとの度数

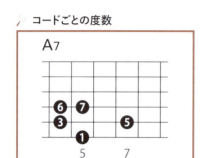

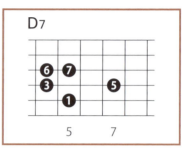

Track 32

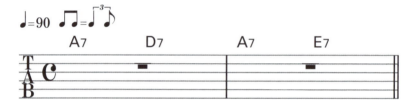

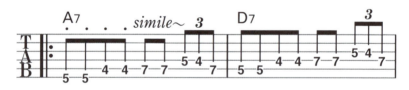

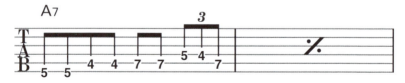

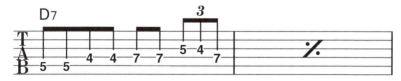

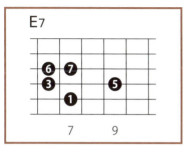

> 💡 **ヒント**
> ベーシストが弾くブルース・フレーズ（❻の音入り）はギターでも使って良い音です！

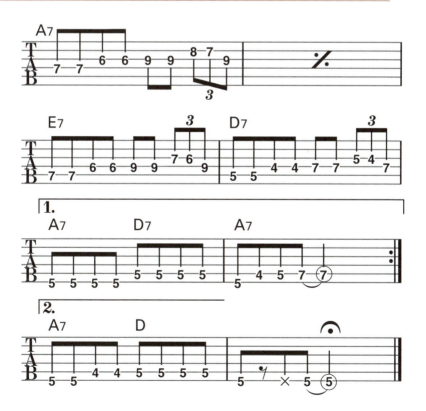

● 第5章　バリエーションに慣れておこう！＜Ａキー＞

ベース・フレーズを
別ポジションで

♪ コードごとの度数

A7

D7

Track 33

♩=120

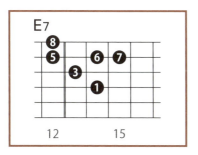

> **ヒント**
> ややコード弾きに近いアプローチです。人差指、中指、薬指を押さえたまま、小指でプリングをします。

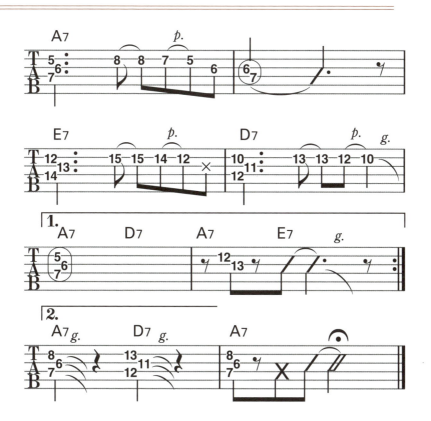

● 第5章　バリエーションに慣れておこう！＜Aキー＞

マイナー・ブルースを弾いてみよう

♪ 重要ポジション

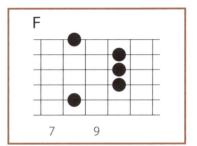

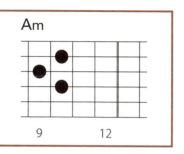

> 💡 **ヒント**
> 土くさい音のみで弾いています。Fコードのところでの音づかいに注目です。オクターブ奏法も入っています。

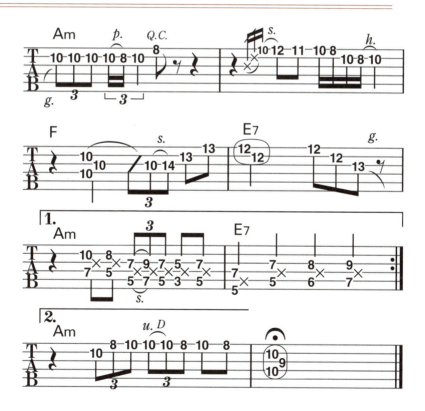

● 第5章 バリエーションに慣れておこう！＜Aキー＞

Column

ブルース・セッションとは？ その1

　例えば、ギターが弾ける友人と少しジャム（セッションの別用語）ってみるとか、どこかのライヴ・ハウスでセッション会があるとか、上級者になると（出演者に呼ばれて）飛び入りで参加することもあったりします。

　まず、ブルースは（おもに）12小節進行で「何度か繰り返す」ことで曲にします。何回繰り返すのか？は決まっていないので、**誰かが終わらせようとしたら終わる**ということです（自分が合図を出す場合もある）。**キーはAとは限らず**、Eの場合や、他のキーの場合もあり、ジャズ系ミュージシャンや管楽器が入るとFキーになることが多いです。ギターやベースでは、フレットをズラすだけで（移調）対処ができますので、ピアノや管楽器よりは楽です。

　大抵の場合「じゃぁ、Aで」の一言で（必然的にセブンス・コードのA7スタートの）演奏が始まります。カウントを数えず誰かが弾きはじめた場合には、そこに**途中から参加していく**形になります（ドラマーのカウントから始まることもある）。自分よりも上級者さんがいる場合には、その人の出す音を聴いて「今は（譜面でいう）何小節目だな」と判断して（おもにバッキングから）参加します。

P.110 に続く

第 6 章

Chapter:6

他のキーに
慣れていこう！

これまで弾いてきたポジションをズラして、ほかのキーでも対応できるようにしていきましょう。開放弦も関係してくる場合があるので、1オクターブ高い（12フレット上）ポジションでもプレイできるようにしておくとフレーズに広がりが出ます。

Eブルースを弾こう その1

🔍 重要ポジション

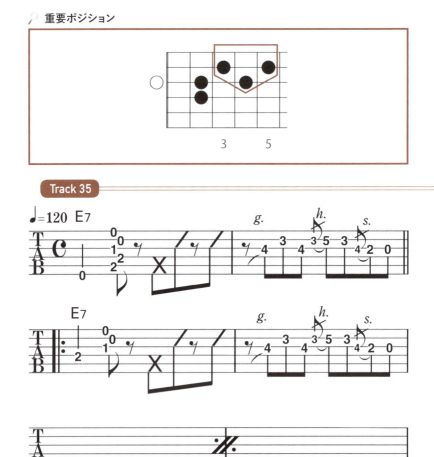

ヒント

Aブルースにも出てくるE7をキーにするのがEブルース。Aブルースでのe7は、EブルースではB7になります。また、この譜例ではリズムが跳ねていません。ブルースではスクエア（均等）なリズムで演奏することもあるので、感覚を身につけておきましょう。

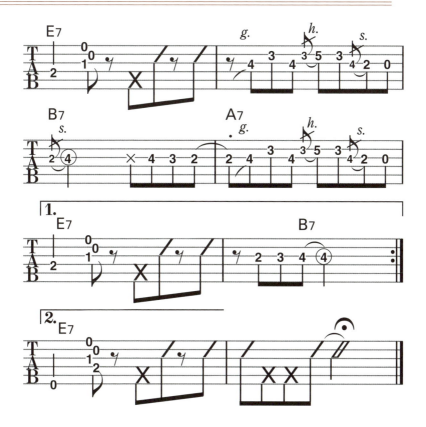

● 第6章 他のキーに慣れていこう！

Eブルースを弾こう その2

重要ポジション

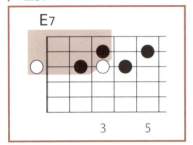

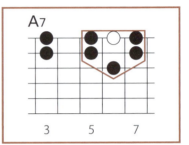

Track 36

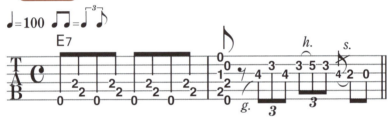

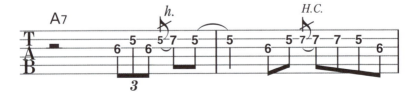

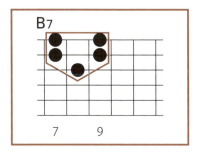

> **ヒント**
> Track 35をシャッフルにしたリズムで、B7とA7でのフレーズを少しだけ明るくしてみましょう！

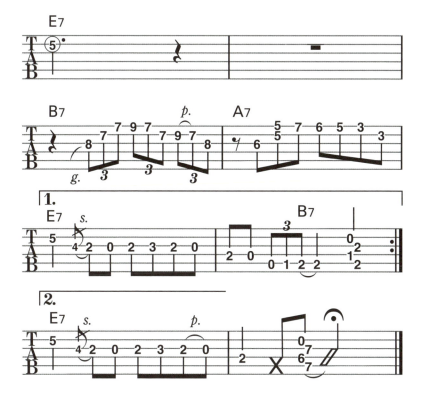

● 第6章 他のキーに慣れていこう！ 107

Fブルースを弾こう

重要ポジション

Track 37

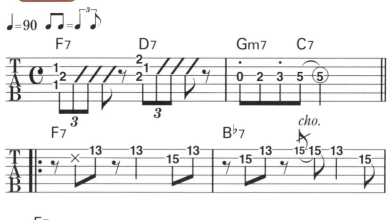

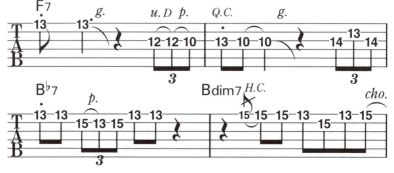

💡 ヒント

今度はFブルースに挑戦。コードが増えていますが、まずはこれまでの知識で押し通してみて、違和感のあるところだけ調整していきましょう！　例えばこの譜例では、8小節目のBdim7は半音チョーキングにして、コードと親和性をもたせています。

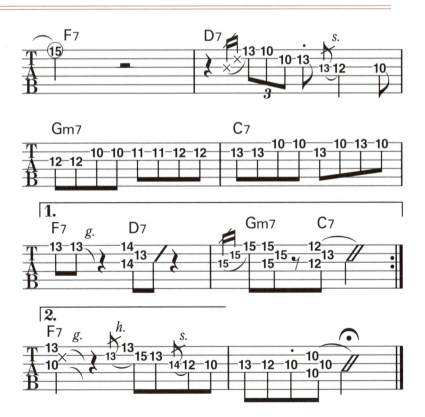

● 第6章　他のキーに慣れていこう！

Column

ブルース・セッションとは？ その2

　セッションでは「ソロ回し」と言って、交代で（ギターなら）リード・ギターをアドリブしていくことがあります。1周で次の人へと進むことは少なく（大人数の場合は2周にすることが多い）、何周かして、**目か手で合図されて**、自分の番がきたらアドリブします（上級者同士だと合図がなくても交代できる）。自分で「そろそろ他の人にバトンタッチかな」という時に12小節目あたりで、他の人に合図してバッキングに回ります。逆にソロを受け取る場合のために、常に12小節目が近づいてきたら周りを見ておく必要もあります。ソロを弾く番は、何度か回ってくる場合もあります。ドラマーやベーシストにソロを弾いてもらう際には「ブレイク」を作って、他の楽器音を止めたりしつつ、その間も12小節を数えておいてもとに戻ります。

　「そろそろ終わろうか」という合図（誰かがテンポを遅くするなど）が出るか、誰かがエンディングっぽいフレーズを弾いたら曲を終えます。曲が終わる瞬間のリズムには何パターンかありますが「勘」で他の人と合わせます。少しくらい違っても構いません。よくセッションが終わった時に、プレイヤーが笑顔になるのは、楽しかった場合と、最後のパターンが合わなかった場合でも笑って終えると考えてOKです。

P.118 に続く

第7章

Chapter:7

アコースティック・ギターに挑戦！

本章ではアコースティック・ギターのブルースにトライします。アコギを持っていない人はエレキで練習してもOKです。いくつかのコード・フォームを充分に把握してから、その抜粋でリード・ギターを作っていきましょう。

ジャグ・バンド風のコード進行

♪ 重要ポジションと基本運指

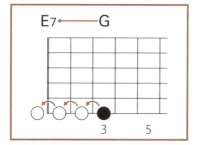

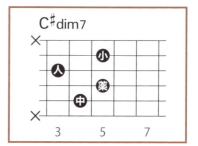

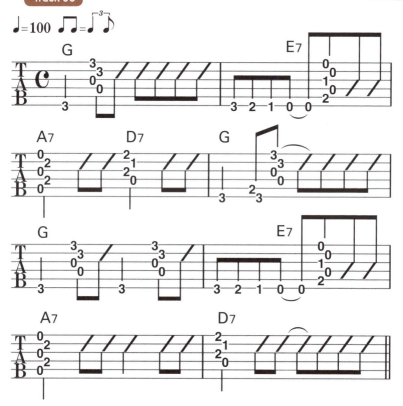

💡 ヒント

ややジャグ・バンドっぽい曲です！ まずは、コード弾きで音の動きを体に染み込ませましょう。このプレイでは、特にブラッシングのテンポ・キープが大切です。16小節を2周してください。なお、付録音源にはエンディングのフレーズは収録されていません。

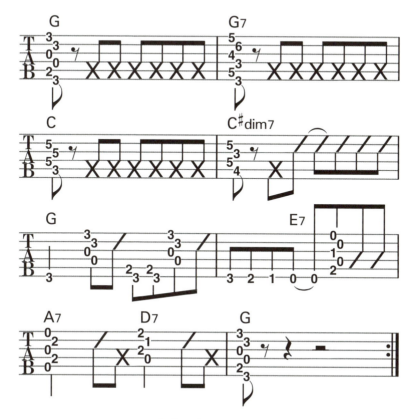

● 第7章 アコースティック・ギターに挑戦！

アコースティックならではのコード進行

重要ポジション

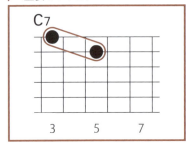

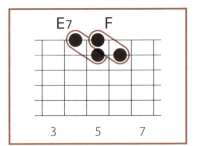

Track 39

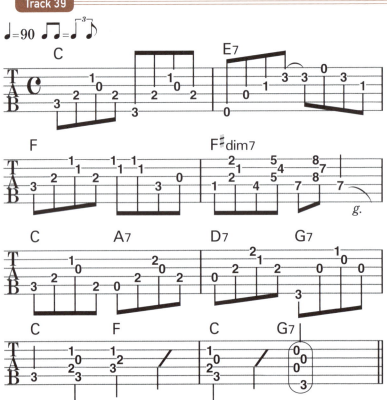

> **ヒント**
> 8小節の進行です。フォーク・ソングのような感じで、dim7コードが混じっています。いろいろなフォームのポジションを抜粋する形で、フレーズを構築しましょう。付録音源は指弾きで弾いており、前トラック同様エンディングのフレーズは収録していません。

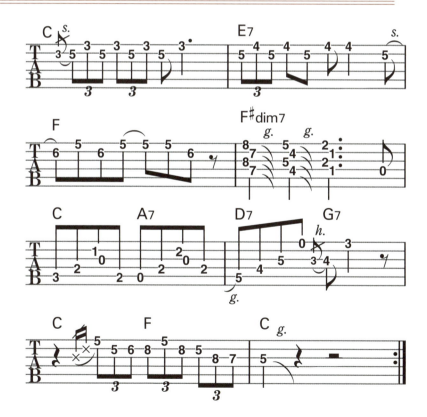

第7章 アコースティック・ギターに挑戦！

ハーフ・シャッフル・ブルースを弾こう

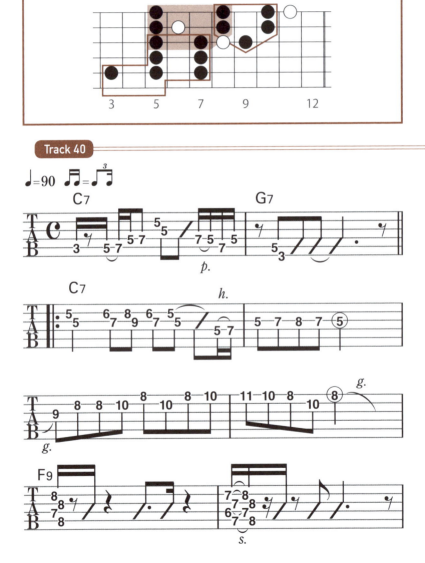

> **ヒント**
> コード進行は12小節ブルースですが、16分音符で跳ねる（ツックタッカというイメージ）カントリーっぽい曲です。8分音符を弾いているだけだとわかりにくいですが、細かく跳ねているリズムに乗って、コード進行も意識しながらリード・ギターを弾きます。

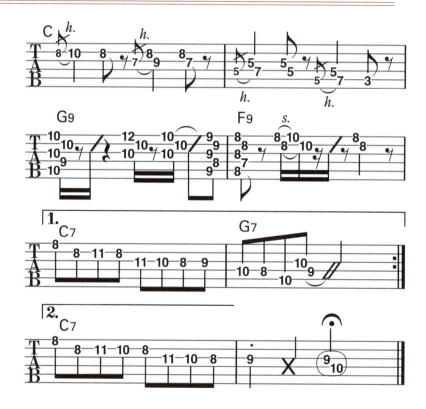

第7章　アコースティック・ギターに挑戦！

Column

ブルース・セッションとは？ その3

　重要なのは音量コントロールです。バッキング時には、当然ソロの人より小音量にするべきですし、ソロが回ってきたとしても他の楽器音を消すほどの大音量はNGです。大きな音だけでなく、オシャレなプレイを心がけましょう。また、ソロで速弾きしまくるよりも「休符を生かす」フレーズで、間を大切にしたプレイを演出できるギタリストを目指したいところです。すなわち「音の止め方」にも上達のポイントがあります。

　セッションを行う際にはあうんの呼吸で察知することが必須であり、それが楽しさでもあります。合図があろうがなかろうが雰囲気でいく。ベテランさんは、最初からリード・ギターに入る人もいますし、すべてを合図するリーダー・シップをかって出る人もいます。「誰もソロにいかなかった場合」には、誰かが瞬時にソロに回ったりもします。それらを含めてセッションを楽しむということですが、本書で隠し味としてマスターしていただきたいのは「バッキング時にもアドリブをする」ということです。リード・ギターのソロだけが本領発揮の場面ではなく「バッキングも楽しむギタリスト」も目指してください。他の人がソロを弾いている時間は待っている時間ではありません。もしステージに立つなら、お客さんから「あの人、バッキングの時もいろいろやっててカッコ良い」と思われるようなプレイをしよう！ということです。

第8章

Chapter:8

他のブルース進行に挑戦！

本書では「ブルースをはじめる方法」に「プレイ幅を広げるコツ」も入れつつ、初心者さんにもトライしていただきました。最後のこの章では「さらに幅を広げていく」ためのヒントを紹介して、本書の終わりとします。

Gブルースを弾こう

コード・フォームごとの度数

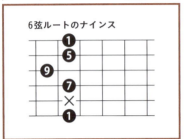

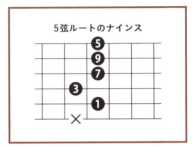

Track 41

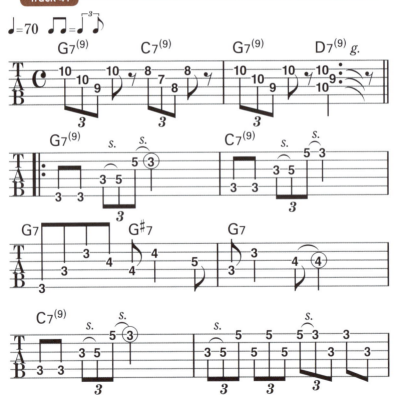

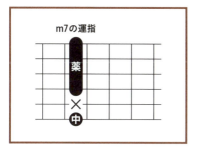

> **ヒント**
>
> ブルースに詳しい人がいるとたまに演奏するコード進行です。いろいろなフォームで覚えておきましょう！

● 第8章 他のブルース進行に挑戦！

スライド・ギターを弾こう

重要ポジション

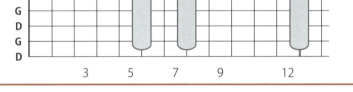

Track 42

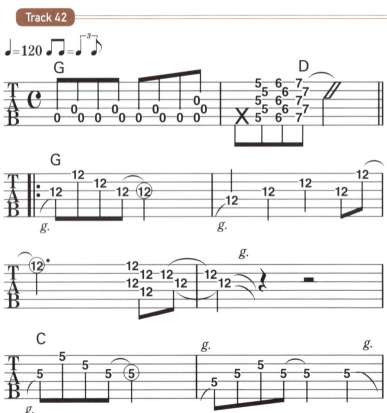

> 💡 **ヒント**
>
> ギターの開放弦6、5、1弦を全音下げて「DGDGBD（6→1弦）」とチューニングし、スライド・バーを使ってプレイします（TAB数字の0はバーを使いません）。少し長めに（8周分）作ってあります。スライドに興味がない人は、これで自由にアドリブしてください。

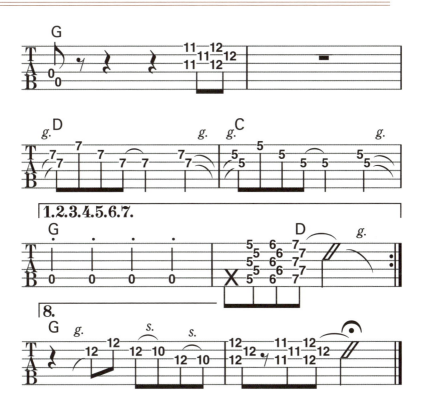

第8章　他のブルース進行に挑戦！

6拍子ブルースを弾こう

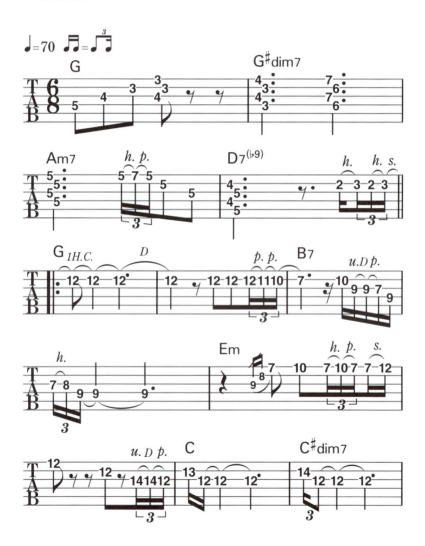

> ヒント
> 集大成的な譜例。最後は4弦をピック、1弦を指で弾いています。

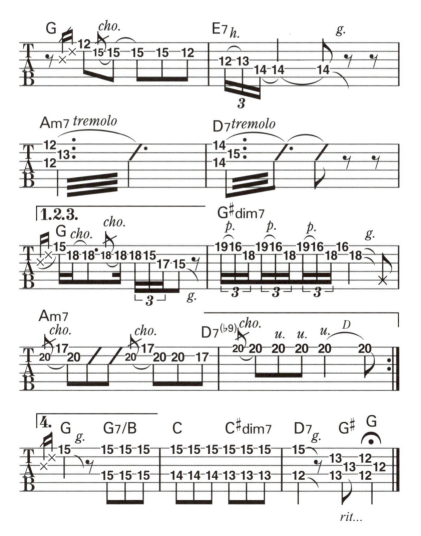

● 第8章 他のブルース進行に挑戦！

すべてのまとめ

　これまでトライしてきた「土くさく弾く」「明るく弾く」をゴチャ混ぜに弾く感覚で、合体させると下の図になります。ただし、これを暗記すればブルースが弾けるわけではありません。本書で紹介した譜例を練習をしていただいてこそ「手が慣れる」のです。「**無意識で左手が動くようになるまで繰り返すのが練習**」です。また、リードを弾く練習をする時も、まずは徹底的にコード練習をすることが大切です。

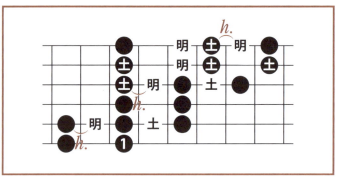

「土くさく弾く」「明るく弾く」（A7＋D7＋ブルー・ノートでもある／P.084〜085参照）

▍総仕上げ！　Track 44／Track 45でアドリブろう！

　「Track 44」はE7（テンポ＝70BPM）の、「Track 45」はA7から2周目でB♭7に転調（テンポ＝100BPM）の8周分カラオケです。これをバックトラックにして好きなようにアドリブしてください。

おわりに
Epilogue

　本書はブルース・ギターを弾く時に多くの人が悩む「どこを弾いたらいいの？　どういう練習するといいの？」という疑問に答えを書きました。本書で紹介したアプローチを習得したら、その「方法論」は忘れても良いです。前ページの図のようなイメージで、左手が指板を押さえていける手癖がついていることが（本書の）ゴールです。考えるのではなく**「感じたままを音にすること」**こそが、ブルースです。

　ギターをプレイすることは、楽器で歌うということです。歌には呼吸が必要で、声を出しっぱなしにするのではなく、息を吸わないといけません。それが「間／休符」です。休符が弾けるギタリストを目指してください。

ギターで休符を歌う

2017年9月　いちむらまさき

Profile

　岐阜生まれ、東京都調布市在住。ギタリスト、ウクレリスト、マンドリニスト、ライター。録音、ソロ活動、楽器セミナー、ライヴをしつつ、数々の教則本を出版。『ギター・コードを覚える方法とほんの少しの理論　600個のコードを導く7のルール』『コード進行を覚える方法と耳コピ＆作曲のコツ』『ギター・スケールを覚えないでアドリブをはじめる方法』『ギターを弾いているだけで音感がアップする方法』『ウクレレ・コードを覚える方法と押さえやすい指選びのコツ　300個のコードを導く6のルール』（すべてリットー・ミュージック）などを執筆。調布市と、神奈川県橋本でギター／ウクレレ講師も。本書を説明する動画をYouTubeにアップしていきますので、探してみてください。
ホームページ：http://www.geocities.jp/ichimuramasaki/

ブルース・ギターをはじめる方法と
プレイ幅を広げるコツ

著者：いちむらまさき

2017 年 9 月 21 日　初版発行
2023 年 4 月 26 日　第 4 版発行
定価 1,760 円（本体 1,600 円＋税 10%）
ISBN978-4-8456-3122-3

[発行所]
株式会社リットーミュージック
〒 101-0051　東京都千代田区神田神保町一丁目 105 番地
https://www.rittor-music.co.jp/

発行人：松本大輔
編集人：野口広之

[本書の内容に関するお問い合わせ先]
info @ rittor-music.co.jp
本書の内容に関するご質問は、E メールのみでお受けしております。お送りいただくメールの件名に「ブルース・ギターをはじめる方法とプレイ幅を広げるコツ」と記載してお送りください。ご質問の内容によりましては、しばらく時間をいただくことがございます。なお、電話や FAX、郵便でのご質問、本書記載内容の範囲を超えるご質問につきましてはお答えできませんので、あらかじめご了承ください。

[乱丁・落丁などのお問い合わせ]
service @ rittor-music.co.jp

編集担当：永島聡一郎
編集／ DTP：熊谷和樹
デザイン：柏崎莉菜
浄書：久保木 靖（Solo Flight）
マスタリング：DISCOMPACT
印刷／製本：中央精版印刷株式会社
CD プレス：株式会社 JVC ケンウッド・クリエイティブメディア

ⓒ 2017 Masaki Ichimura　ⓒ 2017 Rittor Music, Inc. Printed in Japan

落丁・乱丁本はお取り替えいたします。
本書記事の無断転載・複製は固くお断りいたします。

本書の無断複写は著作権法上での例外を除き禁じられています。複写される場合は、そのつど事前に、(社)出版者著作権管理機構（電話 03-5244-5088、FAX 03-5244-5089、e-mail: info@jcopy.or.jp）の許諾を得てください。

JCOPY ＜(社)出版者著作権管理機構 委託出版物＞